Angelika Schmelzer

Pferdesprache

So sagt mein Pferd mir, dass es...

CADMOS

Inhalt

Impressum

Gestaltung und Satz: Ravenstein + Partner, Verden
Fotos: Angelika Schmelzer
Druck: GCC, Calbe

ISBN 978- 3-86127-275-5

So kommunizieren Pferde

Wenn Menschen miteinander kommunizieren, geht es meist mehr oder weniger laut her. Es wird erzählt, gelacht, geschimpft, gealbert, diskutiert, manchmal heftig gestritten oder laut gebrüllt, ein andermal vielleicht ganz leise ein Geheimnis weitergegeben, ein liebes Wort ins Ohr geflüstert, kurz: Es wird viel, viel geredet.

Der Inhalt des gesprochenen Worts kann mit verschiedenen Mitteln unterstützt und bekräftigt werden, indem der Körper des Sprechenden eingesetzt wird: Ein drohendes Ballen der Faust, ein Schulterzucken, ein abweisendes Verschränken der Arme betont das Gesagte eindrucksvoll. Ebenso kann das Gesicht Bände sprechen: Je intensiver und emotionaler das Gespräch, desto häufiger werden Augenbrauen gehoben, Stirnen gerunzelt, Lippen gespitzt und Lachfalten gekräuselt. Sprache, Gestik und Mimik arbeiten auf diese Weise eng zusammen, wobei dem gesprochenen oder geschriebenen Wort immer die größte Bedeutung zukommt, die körpersprachlichen Ausdrucksformen nur unterstützend eingesetzt werden.

Anders unsere Pferde: Eine Unterhaltung in Pferdekreisen verläuft viel leiser, kommt überwiegend ohne hörbare Äußerungen aus und ist damit für uns Menschen oft kaum wahrnehmbar. Mit wenig Aufwand, aber auf sehr differenzierte Weise unterhalten sich unsere Pferde, indem sie vor allem ihren Körper zur Übermittlung von Signalen einsetzen. Eine leichte Kopfbewegung etwa kann schon ausreichen, um dem Artgenossen zu sagen: „Hör zu, ich bin hier der Chef und möchte, dass du sofort verschwindest!", oder um ihn zu fragen: „Kannst du mich bitte genau hier feste kraulen?" Zwar setzen Pferde zur gegenseitigen Verständigung auch Laute ein, doch hat die eigentliche Pferde-Lautsprache nicht dieselbe Bedeutung wie bei uns Zweibeinern. Pferdeunterhaltungen werden überwiegend lautlos geführt, indem Körperteile einzeln oder im Zusammenspiel Signale übermitteln.

Mensch und Pferd unterhalten sich – mit unterschiedlichen Mitteln.

Pferde unter sich: Unterhaltung ohne Worte.

Lautsprache

Wichtige Informationen für die ganze Herde oder Kontakte über größere Distanzen und bei nicht bestehendem Sichtkontakt werden über Laute vermittelt: Ein erregtes Schnauben signalisiert Gefahr und versetzt die gesamte Gruppe in erhöhte Fluchtbereitschaft. Hengste zeigen durch ihr unverkennbares Wiehern an, dass sie keinerlei Konkurrenz dulden, Mutterstuten rufen ihre Fohlen und begrüßen sie mit einem zärtlich klingenden, leisen Gebrummel. Viele Pferde lernen auch, einen ihnen besonders vertrauten Menschen mit Begrüßungsgewieher zu empfangen. Oft aber zeigt dieses sehnsüchtige Wiehern nur an, dass ein isoliert aufgestalltes Pferd mit der Ankunft seines Reiters das baldige Ende der 23-stündigen Langeweile erwartet ... Menschliche Kontakte, auch engagierte, sind nun einmal kein Ersatz für den Kontakt zum Artgenossen.

Die Körperhaltung spielt eine besondere Rolle, sie gibt dem Artgenossen Auskunft über Geschlecht, Alter, soziale Stellung und momentane Stimmung jedes Mitglieds der Herde. Diese Signale werden ständig abgegeben und sind oft für das menschliche Empfinden nahezu unsichtbar, in jedem Fall aber nur schwer zu interpretieren. Mit anderen Worten: In Pferdekreisen haben die körpersprachlichen Ausdrucksformen die Bedeutung, die bei uns Menschen das gesprochene oder geschriebene Wort hat, während die Lautsprache nur unterstützend oder bei der Kommunikation über größere Entfernungen eingesetzt wird.

Auch wenn erfahrene Pferdemenschen sich mit ihren Pferden verständigen können, ersetzen sie nie den Artgenossen als Sozialpartner.

Mimik

Verglichen mit uns Menschen ist die Gesichtsmuskulatur eines Pferdes recht wenig beweglich, seine mimischen Möglichkeiten sind deshalb relativ beschränkt. Trotzdem können erfahrene Pferdeleute ihrem Vierbeiner an der Nasenspitze ablesen, wie er heute gelaunt ist, ob er sich wohl fühlt, schlecht gestimmt oder gar krank ist. Diese einzelnen mimischen Signale dürfen aber nicht isoliert betrachtet, sondern müssen immer im Zusammenhang mit dem Ausdruck des Körpers gesehen werden.

Die Ohren sind gleichermaßen Stimmungsbarometer wie Sinnesorgan.

Die empfindliche Maulpartie verrät viel über die momentane Stimmung.

Stimmungsbarometer: die Ohren

Pferdeohren sind ungeheuer beweglich und ermöglichen eine genaue Ortung jedes Geräusches über große Distanzen. Sie signalisieren dem Artgenossen oder Menschen aber auch, in welcher Stimmung sich das Pferd befindet und ob und worauf es sich gerade konzentriert. Nach hinten gerichtete, angelegte Ohren sind als Warnung zu verstehen, als Ausdruck der Aggression, während frei spielende Ohren Kennzeichen eines interessiert mitarbeitenden, entspannten Pferdes sind. Beim Dösen hängen meist beide Ohren entspannt leicht zur Seite. Allgemein lässt sich sagen, dass die Ohren dorthin zeigen, wohin auch die Aufmerksamkeit des Pferdes gerade gerichtet ist.

Spannungsanzeige: die Maulpartie

An der Maulpartie lässt sich gut ablesen, ob das Pferd momentan entspannt ist, schlechte Laune hat oder gar Schmerzen leidet. Bei guter Stimmung ist das Maul weich, entspannt und beweglich, bei einem übellaunigen Pferd dagegen angespannt und fest. Schmerzen – etwa

Ein wenig skeptisch, doch ohne Angst sieht uns dieser Andalusierhengst an.

bei einer Kolik – lassen sich an der Nasenspitze ablesen: Die Nüstern sind verkniffen, das Maul völlig verspannt, die Zähne aufeinander gepresst.

Spiegel der Seele: die Augen

Die Augen geben nicht nur Auskunft über die momentane Stimmung, sondern verraten dem Pferdekenner auch viel über den Charakter eines Tieres. Große, offene, ruhige und interessiert blickende Augen lassend darauf schließen, dass es sich um ein intelligentes, vertrauensvolles und selbstsicheres Pferd handelt. Auch schlimme Erlebnisse, große Angst und mangelndes Vertrauen spiegeln sich in den Augen wider. Weit aufgerissene Augen, die viel Weiß zeigen, weisen auf Angst hin. Manchmal entsteht ein solches Auge allerdings auch durch die rassebedingte Pigmentierung, etwa bei vielen Appaloosas.

Ausdrucksverhalten

Pferde nutzen den ganzen Körper, um ihren Artgenossen Signale zu übermitteln. Die Körperspannung zeigt allen Herdengenossen, in welcher Stimmung sich ein Pferd befindet, ob es zufrieden und entspannt oder unruhig und angespannt ist. Am deutlichsten wird dies bei der Betrachtung der Körpersilhouette, die auch bei Auseinandersetzungen gerne imponierend dargeboten wird. Eine kurze und in die Höhe gerichtete Silhouette zeigt Anspannung, eine lang gestreckte und nach vorne oder in die Tiefe gerichtete Haltung zeigt Entspannung an. Wird diese Haltung unter dem Sattel durch die Einwirkung des Reiters hergestellt, nennen wir sie Versammlung und Dehnungshaltung. Der Reiter hat die Aufgabe, Versammlung durch elastische Anspannung, nicht aber Verspannung zu bewirken, eine Gratwanderung, die nicht immer gelingt.

Auch die Beine werden zur Signalübermittlung eingesetzt, vor allem im Zusammenhang mit Auseinandersetzungen. Mit den Hinterhufen werden nicht nur Schläge ausgeteilt, sondern auch angedroht: Passiert ein Pferd einen ranghöheren Artgenossen, ohne ausreichend Abstand zu halten, wird oft ein Hinterhuf angehoben, um warnend Prügel anzudrohen. Beim Spiel und im Kampf der männlichen Pferde spielen die Vorderbeine eine große Rolle. Sie werden einzeln oder gemeinsam imponierend nach vorne geführt, wobei sich das Pferd bei zunehmender Spannung auf die Hinterbeine erhebt. Aus diesem Kommunikationsmittel wurden Lektionen wie der spanische Schritt, Pesade und Levade entwickelt.

Hals und Kopf bewegt ein Pferd schlenkernd zum Artgenossen hin, um ihm zu drohen. Dabei werden oft die Zähne gebleckt, um die Drohung wirkungsvoll zu unterstreichen. Ein besonders eindrucksvoller Einsatz von Hals und Kopf lässt sich beobachten, wenn Hengste ihre Stuten treiben. Sie bewegen bei tiefer Kopfhaltung den Hals schlängelnd zur Stute hin und drohen ihr, um sie zurück zur Herde zu führen.

Nur durch die Beobachtung artgerecht gehaltener Pferde lässt sich die Pferdesprache erlernen.

Elemente des Hengstkampfes wurden zu Lektionen der hohen Schule weiterentwickelt.

Was sagt mein Pferd?

Wer sich für die Pferdesprache interessiert, muss also sowohl gut zuhören können als auch genau hinsehen. Nur wer Pferde möglichst oft in ihrer natürlichen Umgebung und der Gesellschaft von Artgenossen beobachtet und alle ihre Äußerungen wahrnimmt, wird sich ein umfassendes Bild von ihrer Sprache machen und dieses Wissen im täglichen Umgang zum beiderseitigen Vorteil einsetzen können.

Erfahrene Pferdemenschen verstehen sich sehr gut auf das Lesen dieser komplizierten und vielseitigen Sprache und vermögen sie im Ansatz sogar selbst zu sprechen. Auch die Ausbildungsmethoden vieler bekannter Trainer, insbesondere die Formen der Freiheitsdressur, basieren auf der exakten Beobachtung und Nachahmung der Pferdesprache. Viele körpersprachliche Signale lassen sich nämlich vom Menschen übernehmen und so einsetzen, dass sie vom Pferd ohne weiteres verstanden werden. Damit haben wir ein Mittel an der Hand, uns mit unseren Pferden auf direktem Wege zu verständigen, ohne die Hilfe von Ausrüstungen oder die Sprache der reiterlichen Hilfen. Kenntnisse der Pferdesprache helfen uns nicht nur bei der Erziehung und Ausbildung, sondern

Spielerisch lernen Fohlen und Jungpferde, mit ihren Artgenossen auszukommen.

sie ermöglichen es auch, ein Pferd richtig kennen zu lernen, es als Persönlichkeit zu begreifen. Umgekehrt wird ein Pferd uns erst dann wirklich vertrauen, wenn es sich verstanden fühlt.

Nur im Zusammenhang mit dem normalen Pferdeverhalten können wir die Pferdesprache richtig deuten, das Kommunikationsverhalten ist Teil des gesamten Verhaltensinventars jedes Pferdes. Insbesondere das Sozialverhalten ist ohne gegenseitige Verständigung undenkbar. Nur artgerecht gehaltene Pferde sind deshalb in der Lage, ihre eigene Sprache aktiv und passiv zu beherrschen, und nur sie werden normales Verhalten zeigen. So setzen Pferde, die dauerhaft einzeln in der Box gehalten werden, leider ihre eigene Sprache nur unvollständig ein und machen Fehler bei der Interpretation, wenn andere Pferd mit ihnen kommunizieren. Problematisch wird es insbesondere, wenn Pferde bereits während der Aufzuchtjahre zu wenig Kontakt mit Artgenossen haben, denn schon im Fohlen- und Jungpferdealter wird der Grundstein für alle Gebiete des arttypischen Verhaltens, auch des Kommunikationsverhaltens gelegt. So wird der interessierte Reiter und Pferdefreund die Pferdesprache nur lernen können, wenn er artgerecht gehaltene, in der Herdengemeinschaft lebende Pferde beobachtet.

Das erste Mal unter dem Sattel: Ein Lob vermittelt dem Jungpferd ein gutes Gefühl.

So zeigt ein Pferd, dass es ...

... glücklich und zufrieden ist

Beim glücklichen oder zufriedenen Pferd ist der Körper gelöst, bei der Arbeit zwar in Bewegung und in einer gewissen elastischen Spannung, aber keinesfalls verkrampft. Sein Wohlbefinden kann das Pferd durch zufriedenes Abschnauben, entspannte Kaubewegungen oder tiefen Atemzüge ausdrücken. Beim entspannten Dösen in der Gesellschaft von Artgenossen wird das Pferd Kopf und Hals mit halb geschlossenen Augen leicht senken und so seine gelöste Stimmung unterstreichen.

Glückliche, zufriedene Pferde verhalten sich bei der Arbeit kooperativer und lernen schneller als missgestimmte Vierbeiner. Ist das Pferd froh, wirkt sich dies positiv auf seine Motivation aus. Ein gelöstes, munter gestimmtes Pferd erschrickt weniger leicht und lässt sich schneller wieder beruhigen, da eine entspannte Grundstimmung die Schwelle für Angst auslösende Reize anhebt.

Umgekehrt kennen unsere Pferde natürlich auch unglückliche, unzufriedene Gefühlslagen. Sie erleben Stress, genauso wie wir. Stress wird vor allem durch Situationen ausgelöst, in denen Pferde überfordert sind. Diese Überforderung

Glücklich sind unsere Pferde dann, wenn ihre Bedürfnisse erfüllt werden.

kann sich auf die ihnen abverlangte Leistung beziehen, aber auch auf das Anpassungsvermögen der Pferde an unterschiedliche Lebenssituationen. Unsere Pferde sind nur bedingt anpassungsfähig, werden grundlegende Bedürfnisse nicht erfüllt, fehlen ihnen Mechanismen, um mit dieser Situation klarzukommen – Stress entsteht. Alle Pferde sind als Herdentiere, Lauftiere und Fluchttiere darauf angewiesen, dass ihre Bedürfnisse nach der Anwesenheit von Artgenossen, nach Licht, Luft und ausreichend Bewegung erfüllt werden. Geschieht dies nicht, leidet ihr Wohlbefinden ganz erheblich. Dies drückt sich auch in gesundheitlichen Problemen, vor allem aber in der Entwicklung von Verhaltensstörungen aus. Unglückliche, überforderte, unter Streß stehende Pferde erkennt man am ehesten daran, daß sie verschiedene Formen von Problemverhalten zeigen. Durch das Loben eines Pferdes will der Reiter bei ihm ein Gefühl des Glücks und der Zufriedenheit auslösen, das bei der Ausbildung oder Erziehung als positive Verstärkung dient. Das Pferd merkt sich den Zusammenhang zwischen einer richtig ausgeführten Lektion und seiner positiven Stimmung im Anschluss, verursacht durch das Lob seiner Bezugsperson. Es wird sich in Zukunft bemühen, Übungen zur Zufriedenheit seines Reiters auszuführen, um sich erneut ein Lob zu verdienen. Die deutliche Antwort des Pferdes auf ein Lob, also sein zufriedenes Schnauben oder Abkauen, zeigt dem Reiter, dass es von seinem Pferd verstanden wurde. Bleibt diese Antwort aus, hat der Reiter sein Pferd vermutlich nicht in der „Pferdesprache", also mit einem für das Pferd verständlichen Signal gelobt.

Fohlen erkunden ihre Umwelt auch durch Beknabbern.

Betrachtung aus der Ferne und anschließende Untersuchung mit dem Geruchssinn und dem Tastsinn der empfindlichen Nasenpartie. Besonders wichtig sind dabei die Tasthaare rund um die Maulpartie. Sie dürfen auf keinen Fall abrasiert werden, weil unsere Pferde sonst im Nahbereich geradezu „blind" sind!

Bei Fohlen lässt sich ein „Befußeln" genanntes Abtasten mit dem erhobenen Vorderfuß beobachten, sie beißen auch gerne versuchsweise in alles, was ihre Neugierde erregt. Fohlen sind besonders neugierig, denn die Neugierde hat vor allem die Funktion, die Umwelt zu erkunden und zu lernen, sich darin zurechtzufinden. Auch ältere Pferde verlieren nicht die Fähigkeit, durch aktive Erkundung dazuzulernen. Neugierde und Spieltrieb lassen sich mit verschiedenen Mitteln bei der Ausbildung einsetzen und wach halten.

... neugierig ist

Pferde sind Fluchttiere und deshalb ist ihre Neugierde immer mit einer gehörigen Portion Vorsicht gepaart. Erregt etwas die Aufmerksamkeit eines Pferdes, wird es in einigem Abstand stehen bleiben und versuchen, sich ein genaues Bild zu machen. Dabei bewegt es seinen Kopf ruckartig auf und ab und von einer Seite zur anderen. Ist Angst oder Aufregung mit im Spiel, lässt sich das an einer gespannten Körperhaltung und steil nach vorne gestellten Ohren erkennen, manchmal wird auch stoßweise geprustet. Ein entspannt neugieriges Pferd wird ein lebhaftes Ohrenspiel zeigen und sich dem unbekannten Objekt schrittweise, mit weit vorgerecktem Hals nähern. Erwachsene Pferde begutachten fremde Gegenstände überwiegend durch

... Angst hat

Angst ist normalerweise eine vorübergehende Empfindung, völlig natürlich und sogar lebenswichtig. Gefahren oder als gefährlich empfundene Situationen lösen dieses Gefühl aus, das dann eine Reaktion nach sich zieht: Das Lebewesen wird fliehen, erschrecken, sich verteidigen oder das Geschehen näher betrachten. Was gefährlich ist und was nicht, beurteilen Pferd und Mensch ganz unterschiedlich, Pferde sind als Fluchttiere immer bereit, auf erschreckende Reize hin davonzulaufen, während wir Menschen dieselben Situationen nach logischen Gesichtspunkten auf ihren Gefährlichkeit analysieren und bewerten.

Bei Angst geraten Pferde ins Schwitzen, ihr Atem geht schnell und heftig, der Puls rast.

Temperamentvolle Pferde neigen eher zu Schreckreaktionen als ruhigere Kollegen.

Angst kann durch Training abgebaut werden.

Ist der Angstauslöser ein momentaner Reiz, wird das Pferd meist mit einem schnellen, heftigen Hüpfer zur Seite, weg von der Gefahr reagieren, trompetend schnauben und die Augen weit aufreißen. Dauert die gefährliche Situation länger an oder erscheint die Gefahr groß, wird das Pferd sein Heil in der Flucht suchen: Es geht durch. Bei großer Angst spricht man von Panik, hier brennen dem Pferd sämtliche Sicherungen durch. Völlig unaufhaltsam rennt es davon, achtet weder auf Zurufe, Berührungen oder Reiterhilfen und macht auch vor Autobahnen oder Mauern nicht halt. Weniger intensive, aber anhaltende Angst kann sich darin äußern, dass immer wieder kleine Mengen Kot abgesetzt werden, die sogar in Durchfall übergehen können. Hier lädt der Körper Ballast ab, um auf eine eventuelle Flucht besser vorbereitet zu sein.

Richtig gefährlich wird es, wenn ein Pferd in einer solchen Situation keine Möglichkeit zur Flucht hat. Auf engem Raum, etwa in einer Box, angebunden am Putzplatz oder auch mitten in der Herde flüchtet das Pferd nicht in die Weite, sondern geht buchstäblich in die Luft.

Beim Umgang mit dem Pferd müssen wir Verständnis für ihre angeborenen Reaktionen auf Angst aufbringen. Es macht keinen Sinn, ein Pferd in Situationen zu strafen, in denen es auf harmlose Reize mit Angst reagiert – hier müssen wir unseren Vierbeinern zugestehen, dass sie völlig anders empfinden und reagieren als wir!

Flucht ist die normale Reaktion des Pferdes auf Situationen, die es als gefährlich empfindet.

Das Erkundungsgesicht verrät, dass Aljoscha nicht wirklich Angst hat.

... auf der Flucht ist

Die sofortige Flucht bei tatsächlichen oder scheinbaren Gefahren gehört zur Überlebensstrategie des ehemaligen Steppentieres Pferd, die ständige Bereitschaft zur Flucht ist unseren Vierbeinern angeboren. Ihre Reizschwelle liegt sehr niedrig, sie erschrecken schnell bei unbekannten Anblicken, plötzlichen Bewegungen oder lauten Geräuschen. Buchstäblich aus dem Stand können sie dann in einen schnellen Galopp starten, der sie sofort eine beträchtliche Strecke aus der Gefahrenzone bringt.

Pferde flüchten im Galopp und zeigen dabei eine Körperhaltung, die viel über ihre Grundstimmung verrät. Überwiegt die Angst, galoppieren sie in lang gestreckter Haltung und zeigen das typische Angstgesicht mit aufgerissenen Augen, angelegten Ohren und angespannter Gesichtsmuskulatur. Überwiegt die Neugierde, wird die gesamte obere Rumpfmuskulatur angespannt, Hals und Kopf sind hoch erhoben, der Schweif wird wie eine Fahne steil aufgestellt, manchmal sogar über den Rücken getragen, das Pferd galoppiert in kurzen Sprüngen oder zeigt den Stolztrab. Der Gesichtsausdruck verrät ihre Neugierde: Das typische Erkundungsgesicht mit aufgestellten Ohren und geweiteten Nüstern ist deutlich vom Angstgesicht zu unterscheiden.

Lässt die Aufregung nach, werden die Pferde in sicherem Abstand ebenso plötzlich anhalten, wie sie losgeschossen sind, und aufgeregt nach hinten blicken, vielleicht ihre Erregung noch in gespannten Trabschritten zeigen.

Wie lange, wie schnell und wie kopflos ein Pferd flüchtet, hängt sowohl von seinem Temperament als auch vom Grund für die ganze Aufregung ab. Der Reiter kann selbst dazu beitragen, dass die Fluchtbereitschaft seines Pferdes sich im angemessenen Rahmen bewegt. Pferde vertrauen nämlich in Gefahrensituationen auch auf das Urteilsvermögen ihres Anführers: Flüchtet der Chef, flieht der Rest der Herde ebenfalls, gibt der Boss dagegen Entwarnung, kehrt wieder Ruhe ein. Herrscht zwischen einem Pferd und seinem zweibeinigem Herdenführer Vertrauen,

Artgerecht gehaltene Pferde, auch Hengste, schließen enge Freundschaften.

so lassen sich viele potenziell gefährliche Situationen entschärfen. Auch die alltägliche Konfrontation mit immer wieder neuen Situationen, Anblicken oder Geräuschen hilft, die Reizschwelle für Fluchtverhalten heraufzusetzen, das Pferd quasi abzuhärten. Falsch ist es dagegen, ängstliche Pferde in Watte zu packen, da dies das Problem langfristig eher noch verstärkt.

... sich unter seinen Artgenossen wohl fühlt

Pferde sind Herdentiere und uns ebenso sozial veranlagten Menschen in dieser Beziehung sehr ähnlich. Sie schließen enge Freundschaften, kümmern sich liebevoll um ihre Kinder, wählen ihre Partner aus, zanken sich oder schmusen miteinander, kurz, sie zeigen einen Großteil ihres angeborenen Verhaltensrepertoires nur in der Gesellschaft von Artgenossen, fühlen sich deshalb nur unter ihresgleichen richtig wohl. Alle Pferde müssen während ihrer Kindheit und Jugend lernen, mit ihren Artgenossen umzugehen, und dies auch später immer wieder üben. Einzeln aufgezogene und gehaltene Pferde haben diese Gelegenheit nicht und können sich nur schwer eingliedern, wenn sie nach Jahren der Einzelhaltung in eine Herde integriert werden sollen.

Es lässt sich leicht erkennen, ob ein Pferd sich in der Gesellschaft von Artgenossen wohl fühlt oder nicht, denn eigentlich machen Pferde alles gemeinsam. Ob sie grasen, dösen, flüchten oder spielen, sich gegenseitig kraulen oder einander die Fliegen aus dem Gesicht wedeln, sich nor-

Kein normales Pferd verlässt freiwillig die Herde und bleibt lieber für sich.

Außerhalb der Decksaison sind diese beiden Hengste dicke Freunde.

mal verhaltende Pferde tun dies meist zu zweit oder in der Gruppe. Auseinandersetzungen beschränken sich auf Raufspiele oder Rangordnungskämpfe, ernsthafte Verletzungen kommen bei sachgerechter Haltung kaum vor. Wer sich der Gruppe allerdings nicht anzupassen vermag, sich nicht eingliedern kann, nicht richtig verhält, der wird konsequent aus der Gemeinschaft ausgeschlossen oder zieht sich selbst zurück.

Feste, jahrelange Freundschaften zwischen Pferden sind nicht ungewöhnlich, sondern ganz alltäglich. Möglich werden sie allerdings nur unter den Bedingungen einer artgerechten Aufstallung, denn bei Einzelhaltung haben Pferde keine Gelegenheit, die notwendigen sozialen Fähigkeiten zu entwickeln und über längere Zeit eine enge Beziehung zu einem Artgenossen aufzubauen und zu pflegen.

Freundschaften unter Pferden sind meist Zweierbeziehungen, die allerdings zwischen Tieren gleichen wie auch unterschiedlichen Geschlechts möglich sind. Auch Hengste können untereinander eine sehr gute, unaggressive Beziehung aufbauen, wenn sie entsprechend gehalten und erzogen werden. Mit der Männerfreundschaft ist es dann aber oft vorbei, wenn Stuten ins Spiel kommen: Da können aus dicken Freunden zumindest zeitweise erbitterte Konkurrenten um die Gunst der holden Weiblichkeit werden.

... sich ausruht

Pferde benötigen, wie andere Lebewesen auch, Ruhephasen, in denen sie regenerieren. Dieses Bedürfnis lässt sich mit der ständigen Alarmbereitschaft des Fluchttieres Pferd nur dank ausgeklügelter Mechanismen unter einen Hut bringen. Für ein Pferd wäre es undenkbar, sich in der Nacht für viele Stunden in eine dunkle Höhle zurückzuziehen und dabei die Kontrolle über seine Umgebung komplett aufzugeben. Also hat sich die Natur einige Kniffe ausgedacht, dank derer jedes Pferd zu der wohlverdienten Ruhe kommt, ohne sich in Gefahr zu bringen. Es haben sich verschiedene Formen von Ruhe entwickelt, die in ihrer Intensität und damit in ihrem Erholungswert unterschiedlich sind.

Die einfachste Lösung erlaubt dem Pferd, sich stehend auszuruhen. „Schildern" nennt man diese geniale Einrichtung, weil das Pferd dabei einen Hinterhuf wie einen Schild auf die Spitze stellt. Muskeln und Knochen beider Hintergliedmaßen sind so konstruiert, dass eine Verschiebung der Kniescheibe über einen Knochenvorsprung ausreicht, um das ganze Bein passiv zu versteifen und ruhig zu stellen, ohne jede Muskelanstrengung. Darum nennt man diese Erfindung der Natur auch „unermüdliche Steheinrichtung". Während ein Bein dank dieses Tricks das ganze Gewicht der Hinterhand trägt, ohne sich dabei anzustrengen, ruht das Pferd das andere Hinterbein aus, indem es etwas angewinkelt und angezogen wird.

Beim Schildern ruht das Pferd im Stehen.

... döst

Bei Pferden lassen sich noch weitere Abstufungen zwischen hellwacher Anspannung und entspanntem Tiefschlaf beobachten: vom Ausruhen im Schildern über gemütliches Dösen bis hin zum Schlaf in Brust- oder Seitenlage.

Pferde dösen am liebsten beim Sonnenaufgang – vor allem in den kalten Wintermonaten - , nach einer reichhaltigen Mahlzeit oder im Anschluss an intensive Arbeit. Dösende Pferde stehen mit gesenktem Kopf und Hals, die Augen sind halb geschlossen, die Ohren hängen ganz entspannt zur Seite, die Unterlippe ist locker. Sie atmen tief und regelmäßig. Oft ist ein Hinterbein schildernd angewinkelt, die Kruppe dabei leicht herausgestellt. Bei Wallachen und Hengsten fällt im Zustand der Entspannung oft auch der Schlauch vor. Gerne stehen Pferde in Gruppen

Pferde bevorzugen erhöhte Plätze für gemeinsame Ruhephasen.

zusammen, entweder Seite an Seite oder auch Kopf an Kruppe, dabei lässt es sich nämlich prima gegenseitig die Fliegen aus dem Gesicht wedeln. Besonders in der kalten Jahreszeit kann man beobachten, dass unsere Pferde regelrechte Sonnenbäder nehmen. Morgens stehen sie mit der Breitseite der Sonne zugewandt und tanken intensiv die wohltuende Wärme und gesunde UV-Strahlung. Anders bei schlechtem Wetter, denn bei Wind und Regen kehren sie lieber die gut gepolsterte Kruppe samt buschigem Schweif dem Wetter zu und schützen so empfindliche Körperteile vor Auskühlung und Durchnässung.

Auch wenn ein dösender Vierbeiner völlig abwesend wirkt, sind seine Sinne stets empfangsbereit, wie es sich für ein Fluchttier gehört.

... oberflächlich schläft

Beim Ruhen in der Brustlage, also auf dem Bauch liegend und mit angezogenen Beinen, kann das Pferd stufenlos zwischen Dösen und einem leichten Schlaf wechseln. Döst es, wird es ruhig liegen, den Kopf aber nicht aufsetzen, seine Augen nicht schließen. Dämmert es langsam in einen leichten Schlaf hinüber, so wird das Maul aufgesetzt, sodass Kopf und Hals nicht mehr frei getragen werden. Die Augen schließen sich, der Atem wird ruhig und regelmäßig. Ein warnendes Wiehern des Aufpassers oder ein unbekanntes Geräusch und der scheinbar tief schlafende Vierbeiner ist blitzschnell wieder auf den Beinen.

In Brustlage ruhend wird zwischen oberflächlichem Dösen und leichtem Schlaf gewechselt.

Im Tiefschlaf erholt sich ein Pferd am intensivsten.

... tief schläft

Sind die Umstände günstig, herrscht also Ruhe in der Herde und wacht ein Aufpasser über die Schläfer, kann der oberflächliche Schlaf in Brustlage in den erholsameren Tiefschlaf übergehen. Vertieft sich der Schlaf, sinkt das Pferd langsam aus der Brustlage auf die Seite. Lang liegt es nun da, die Beine weit von sich gestreckt, Kopf und Hals bequem auf der Unterlage ruhend. Wer nun genau hinsieht und zuhört, wird erstaunt feststellen, dass die Schlafmütze auch zu träumen scheint. Phasenweise zucken die Beine, bewegen sich die Augen unter den geschlossenen Lidern unruhig, wird leise gestöhnt, geschnaubt oder gewiehert. Nun, im Tiefschlaf, erholt sich das Pferd am intensivsten. Doch schon nach kurzer Zeit, etwa nach 15 bis 20 Minuten, erwacht es wieder, rollt sich zurück in die Brustlage oder erhebt sich sogar. Dann wird sich gereckt, das Fell ausgeschüttelt, nochmals zufrieden abgeschnaubt, bevor der Vierbeiner erholt zur Tagesordnung übergeht.

Zur Ruhe kommen Pferde nur, wenn ein Artgenosse Wache hält.

Mehrmals täglich, tagsüber und nachts, legt jedes Pferd diese kurzen Tiefschlafphasen ein, die für sein Wohlbefinden und seine Gesundheit ganz besonders wichtig sind. Allerdings scheint der Tiefschlaf nur dann möglich zu sein, wenn Sichtkontakt mit einem wachhabenden Artgenossen besteht. Zwar schlafen Pferde auch in Boxenhaltung regelmäßig in Brust- oder Seitenlage, die Tiefschlafphasen sind dabei allerdings kürzer und flacher.

... schlecht gelaunt ist

Auch Pferde stehen manchmal mit dem linken Fuß zuerst auf, sind schlecht drauf, missmutig, unlustig. Sie verhalten sich dann ganz ähnlich wie wir Menschen, wenn wir schlechte Laune haben: Vor allem wollen sie in Ruhe gelassen werden, Annäherungsversuche oder Spielaufforderungen der Artgenossen werden grantig zurückgewiesen. Ob

Angelegte Ohren und ein angehobener Hinterfuß sagen dem Isländer, dass der Friese in Ruhe gelassen werden will.

Die gegenseitige Abneigung ist den beiden Stuten deutlich anzusehen.

unter dem Sattel oder an der Longe, Kooperation und Leistungsbereitschaft dürfen heute nicht erwartet werden. Der Appetit leidet jedoch kaum unter der schlechten Laune, allerdings verhalten sich schlecht gelaunte Pferde futterneidischer und aggressiver als gewöhnlich.

Andauernde schlechte Laune ist immer ein Anzeichen dafür, dass im Leben unseres Pferdes etwas nicht stimmt. Oft sind es chronische, unerkannte Schmerzen, etwa durch einen vereiterten Zahn oder Abnutzungserscheinungen an den Gliedmaßen, die es belasten. Auch der Verlust eines langjährigen Freundes kann Trauer und damit eine lang dauernde Missstimmung auslösen. Überforderung, aber auch Unterforderung bei der täglichen Arbeit kann ebenfalls bewirken, dass ein Pferd ständig missgestimmt wirkt.

... spielen möchte

In Pferdekreisen wird viel gespielt. Schon die Fohlen üben sich in Verfolgungsjagden und spielerisch ausgetragenen Kämpfen, doch auch erwachsene Pferde zeigen ein sehr ausgeprägtes Spielverhalten. Spiele beinhalten Verhaltensweisen, die zum normalen Verhaltensrepertoire der Pferde gehören, die aber in einem anderen Zusammenhang gezeigt werden. So können Pferde beispielsweise spielerisch flüchten oder kämpfen. Es gehört zur Natur des Spieles, dass dabei kein unmittelbarer Zweck verfolgt wird, sinnlos sind Spiele aber trotzdem nicht. Vielmehr dienen sie der Übung ganz verschiedener, wichtiger Fähigkeiten und festigen die Bindung der Pferde untereinander.

Gemeinsame Spiele festigen die freundschaftlichen Bande zwischen Pferden.

Stuten zeigen überwiegend Laufspiele, Hengste und Wallache dagegen raufen gerne hingebungsvoll miteinander, steigen sich an, beißen sich in die Vorderbeine, umkreisen einander und unterbrechen immer wieder kurz ihre Rangelei, um im wilden Galopp davonzufegen. Die Raufspiele der männlichen Pferde beinhalten Elemente, die wir in der hohen Schule wieder finden: Steigen, Stolztrab oder Auskeilen nach vorne – daraus werden bei entsprechender Ausbildung Pesade oder Levade, Passage und Spanischer Schritt! So gefährlich diese Raufspiele aussehen, so harmlos sind sie in Wirklichkeit. Alle Spiele verlaufen nämlich nach bestimmten Regeln und diese stellen sicher, dass es nicht zu ernsthaften Verletzungen kommt. Entgegen aller Vorurteile können Hengste, werden sie dauernd oder häufig mit anderen Hengsten oder Wallachen gehalten, durchaus miteinander spielen und enge, freundschaftliche Bindungen zueinander aufbauen.

Die Spielaufforderung des Schimmels wehrt der Isländer ab.

Verhalten Pferde sich normal, kommt es auch bei wilden Raufspielen wie in dieser Hengstherde kaum zu Verletzungen.

Probleme gibt es bei Pferden, die immer oder überwiegend alleine aufgewachsen sind oder einzeln gehalten werden und sich deshalb kein normales Spielverhalten aneignen konnten. Diese Pferde sind oft nicht in der Lage, eine freundliche Spielaufforderung zu erkennen, sondern verstehen sie als Angriff und reagieren entsprechend aggressiv. Sie sind nicht in der Lage, ihre Unterlegenheit durch das passende Verhalten zu äußern und sich so einem Kampf zu entziehen, können aber auch entsprechende Unterlegenheitsgesten anderer nicht verstehen. Die Verletzungsgefahr ist in diesen Fällen natürlich hoch.

... etwas Interessantes riecht

Da liegt etwas in der Luft: Mit hoch gerecktem Kopf und aufgestülpter Oberlippe wird ein interessanter oder Ekel erregender Duft genau geprüft und bewertet. Bei diesem „Flehmen" genannten Verhalten wird ein spezielles Riechorgan eingesetzt, das „Jacobson´sche Organ". Ob Zigarettenrauch, Urindunst oder der Duft frisch gefallener Pferdeäppel: Nicht die Nase, sondern das viel kleinere, versteckt unter der Oberlippe gelegene Jacobson´sche Organ kommt hier zum Einsatz. Besonders häufig zeigen Hengste diese besondere Form des Riechens. Die Ausdünstung rossiger Stuten, der Duft der Hinterlassenschaften eines vierbeinigen Konkurrenten um die Gunst der Damen veranlassen sie, die Luft mit

Das Jacobson´sche Organ unter der Oberlippe dient der Geruchswahrnehmung.

... sich einsam fühlt

Fühlt ein Pferd sich einsam, wird es unruhig auf und ab laufen und immer wieder durch lautstarkes Wiehern versuchen, mit Artgenossen Kontakt aufzunehmen. Hält das Gefühl der Verlassenheit länger an, wird der Vierbeiner zunehmend unruhig und ängstlich, manchmal geradezu panisch und kaum mehr ansprechbar. Pferde sind als Herdentiere ausgesprochen soziale Wesen, die sich nur unter ihresgleichen wohl und sicher fühlen. Die Geborgenheit der Herde bietet Schutz, die Einbindung in die Rangstruktur weist jedem Pferd den ihm gemäßen Platz zu, enge freundschaftliche Bindungen können über Jahre erhalten werden. Kein Wunder, dass einzeln gehaltene Pferde oft Verhaltensauffälligkeiten entwickeln: Ohne die Möglichkeit, sich laufend mit anderen Pferden auszutauschen, ohne den Schutz der Herde vereinsamen sie und können ihre angeborenen Verhaltensweisen nicht ausleben. Es kommt zu einem regelrechten Stau, da

Mit lauten Wiehern ruft die Stute ihre Stallgenossen.

weit nach oben gestrecktem Kopf, gerecktem Hals, aufgestülpter Oberlippe und ganz oder halb geschlossenen Augen zu prüfen.

Auch eklige Gerüche bringen Pferde zum Flehmen, etwa Zigarettenrauch, verdorbenes Kraftfutter oder Autoabgase. Vereinzelt zeigen Pferde dieses Verhalten auch, wenn sie an einer Kolik leiden, das Flehmen ist dann als Schmerzäußerung zu verstehen. Auch wenn es so ähnlich aussieht: Flehmen und Lachen haben nichts miteinander zu tun!

Erschrecken, aber auch Interesse zeigt diese Stute.

die sozialen Bedürfnisse sich nicht auf dem von der Natur vorgesehenen Weg ausleben lassen. Diesen Druck mindert das Pferd, indem es sich Ersatzbeschäftigungen sucht: Die Geburtsstunde der sogenannten „Untugenden"! Ob Koppen, Weben, Kreislaufen, ob Aggressivität dem Menschen gegenüber oder Unkontrollierbarkeit unter dem Sattel, viele Verhaltensauffälligkeiten haben ihre Wurzeln in einer Haltungsform, welche das angeborene Bedürfnis aller Pferde nach einem Sozialpartner nicht angemessen berücksichtigt. Untugenden können also dem aufmerksamen Menschen deutlich zeigen, dass ein Pferd einsam ist.

... aufgeregt ist

Aufregung kommt beim Pferd, wie bei uns Menschen, in unterschiedlichen „Geschmacksrichtungen" vor. Einmal verbunden mit negativen Gefühlen wie Angst oder Einsamkeit, aber auch als positive Erregung, also Freude und Glück. Empfindet ein Pferd Aufregung, wird es seiner Unruhe durch Bewegung Luft machen – typisch Lauftier! Es wird unruhig hin und her rennen, seinen Kopf schwenken, kleine Galoppsprünge und Buckler einlegen und nur ab und an innehalten, um zu wiehern oder erregt zu schnauben. Kopf und Hals sind gespannt nach oben gereckt, der Schweif peitscht erregt hin und her oder wird wie eine Fahne aufgestellt. Je aufgeregter unser Vierbeiner ist, desto intensiver und gespannter

Dürfen sich Pferde selbst von der Ungefährlichkeit eines Objektes überzeugen, wächst ihr Vertrauen in sich und den Menschen.

... konzentriert mitarbeitet

Ob unser Pferd eifrig und aufmerksam mitarbeitet, erkennen wir in erster Linie an seinem Verhalten, nicht am Gelingen oder Misslingen einer gestellten Aufgabe. Ein kooperatives Pferd reagiert willig und prompt auf alle Reiterhilfen, die es bereits kennt und versteht. Es geht eifrig vorwärts, steht aber dabei immer brav an den Hilfen. Neugierig und interessiert lässt es sich auf Neues ein. Ein konzentriertes, kooperatives Pferd wird all seine Sinne auf das Objekt seines Interesses richten: Ohren, Augen, der ganze Körper ist bereit, Informationen aufzunehmen und zu verarbeiten. Nicht immer richtet das Pferd seine Aufmerksamkeit allerdings in die von uns gewünschte Richtung, es kann sich natürlich ebensogut auf Dinge konzentrieren, die in unseren Augen irrelevant sind.

werden seine Bewegungen. Typisch auch: Aufregung schlägt auf den Darm und so setzt das unruhige Pferd häufiger als sonst Kot ab, oft in kleinen Mengen oder gar als Durchfall.

Hat der aufgeregte Vierbeiner keine Möglichkeit, sich auszutoben, wird er sich am Führstrick, am Anbindeplatz oder unter dem Sattel ebenso unruhig gebärden und dabei möglicherweise zunehmend der Kontrolle des Menschen entziehen. Die Konzentration auf seine Aufgabe fällt dem aufgeregten Pferd immer schwerer, der Reiter fühlt sich wie auf einem Pulverfass. Pferde können sich regelrecht in ihre Aufregung hineinsteigern, ihr Verhalten kann geradezu hysterisch werden, vor allem dann, wenn ein Reiz nicht auf seine Gefährlichkeit hin überprüft, also abschließend als „gefährlich" oder „ungefährlich" eingeordnet werden kann.

Mit beiden Ohren und dem linken Auge erfasst dieser Knabstrupper, was hinter ihm vorgeht.

Augen und Ohren sind aufmerksam dem Menschen zugewendet, der Harlems Interesse geweckt hat.

Ein regelrechtes Mitarbeitsbarometer sind die Pferdeohren: Beim konzentrierten, aufmerksamen Pferd sind sie immer ein wenig in Bewegung, spielen hin und her, wobei ein Ohr aufmerksam zum Reiter oder Longenführer hin gerichtet ist. Auch die Augen blicken aufmerksam, sie sind weit geöffnet, aber nicht starr aufgerissen. Übrigens ist die Konzentrationsspanne unserer Pferde ähnlich kurz wie die kleiner Kinder: Junge Pferde am Beginn ihrer Ausbildung können sich lediglich zehn bis fünfzehn Minuten voll ihrer Aufgabe zuwenden, ältere Pferde können immerhin bis ungefähr eine halbe Stunde am Ball bleiben. Der Reiter sollte aber nicht nur sein Pferd hinsichtlich der Konzentrationsbereitschaft beobachten, sondern auch sich selbst. Es wird dem Pferd schwer fallen, sich auf seine Aufgabe zu konzentrieren, wenn sein Reiter nicht bei der Sache ist, sich ablenken lässt. Der Reiter darf seinem Pferd nur dasselbe Maß an Kooperationsbereitschaft abverlangen, das er selbst aufbringt. Beiden tut ein sinnvoller Wechsel zwischen Phasen der Arbeit und Phasen der Entspannung gut.

Noch weigert sich die junge Stute, kooperativ mitzuarbeiten.

beobachten, dass ein unkooperatives Pferd sich dauernd bemüht, mit dem Kopf über die Umzäunung nach draußen zu blicken und es in jeder Situation vermeidet, seinen Ausbilder anzusehen. Lediglich ein schräger Blick aus dem Augenwinkel signalisiert dem Menschen seine Unwichtigkeit! Anweisungen des Zweibeiners werden konsequent ignoriert, selbst deutliche Zurechtweisungen bringen keine dauernde Besserung. Hier hat es der Mensch versäumt, für klare Verhältnisse zu sorgen, und es nicht geschafft, sein Pferd für die gemeinsame Arbeit zu begeistern.

Junge, temperamentvolle Pferde lassen sich besonders leicht ablenken und sind nur schwer bei der Stange zu halten. Damit sind auch gewis-

... nicht bei der Sache ist

Ist ein Pferd dagegen unkonzentriert, hängen seine Ohren schlaff zur Seite, seine Augen blicken unbeteiligt, sind manchmal halb geschlossen. Die Bewegungen wirken unelastisch oder mangelhaft koordiniert, lassen jede Spannkraft vermissen. Der Hals wird waagrecht getragen, der Kopf pendelt. Mangelndes Konzentrationsvermögen kann durch eine Krankheit, fehlendes Interesse an der Arbeit oder Überforderung ausgelöst werden, aber auch durch Unterforderung. Hier ist der Mensch gefordert, die Fähigkeiten seines Pferdes realistisch einzuschätzen und es entsprechend zu arbeiten.

Ein Pferd kann aber auch dann schlecht mitarbeiten, wenn es seine Konzentration auf Geschehnisse außerhalb seines Trainings richtet und seinen Reiter oder Longenführer schlicht ignoriert. Es zeigt dies deutlich durch seine in die Ferne gerichtete Aufmerksamkeit. Besonders bei der Arbeit im Round Pen lässt sich manchmal

Die Ausbilderin richtet die Aufmerksamkeit des Pferdes bewusst auf sich.

Lässt bei Reiter und Pferd die Konzentration nach, ist eine Pause angesagt.

se Gefahren verbunden, da sie die Anwesenheit des Menschen in ihrer unmittelbaren Nähe oft zu vergessen scheinen. Ein plötzlicher Seitensprung kann den führenden Zweibeiner dann in große Bedrängnis bringen, ebenso wie ähnliche Aktionen bei der Arbeit an der Longe oder unter dem Sattel. Wir tun also gut daran, den Strom gegenseitiger Aufmerksamkeit zwischen Mensch und Pferd nie abreißen zu lassen.

... der Chef ist

Chef einer Pferdeherde zu sein hat nicht nur Vorteile: Zu den wenigen Privilegien des ranghöchsten Pferdes gesellen sich viele Pflichten und viel Verantwortung. Der Boss einer Pferdegruppe ist kein einsamer Tyrann, der mit roher Gewalt über seine Herde herrscht, sondern ein stets wachsamer, besonders erfahrener und fürsorglicher „Babysitter". Und er ist, bei wild lebenden Pferdeherden zumindest, meist eine „Sie". Angeführt wird die Herde nämlich nicht vom Haremshengst, sondern von der Leitstute. Einen „Leithengst" gibt es in der Natur nicht!

Nun gibt es in einer Pferdeherde eigentlich nicht nur einen Chef, sondern viele: Eine Rangordnung weist jedem einzelnen Mitglied der Gruppe seinen Platz zu, manche Kollegen rangieren höher, andere sind ihm unterstellt. So ist bis zum Schlusslicht jedes einzelne Pferd der Boss von mindestens einem weiteren Artgenossen. Kleiner Trost für das rangniedrigste Pferd: Es ist nicht etwa eine Art Prügelknabe, an dem der Rest der Herde seine Launen auslässt, sondern ein besonders junges, unsicheres, unerfahrenes oder sonstwie schwaches Pferd, dass nun zwar viele Chefs, damit aber auch viele Beschützer hat und keinerlei Verantwortung tragen muss. Zudem wird es dem Schlusslicht innerhalb einer sozial kompetenten, gefestigten Herde oft leicht fallen, Freundschaften zu schließen: Wer ganz unten rangiert, stellt keinerlei Bedrohung für ranghöhere Pferde dar und wird als ungefährlicher Spiel- und Kraulpartner gerne gesehen.

Ranghohe Pferde haben gegenüber den niedriger rangierenden Artgenossen bestimmte Vorrechte: Vorrang bei der Futteraufnahme, beim Zutritt zur Wasserstelle, beim Aufsuchen bevorzugter Ruheplätze, beim Betreten der Weide, des Auslaufs, des Unterstands. Wo der Chef kommt, müssen andere zurückstehen. Tun sie dies nicht gleich, wird gedroht: Ein Anlegen der Ohren, ein unfreundliches Kopfschlenkern, ein angedeute-

Die ranghohe Candy droht der unterlegenen Kollegin, als sie überholt wird.

ter Angriff soll heißen „Platz da, aber fix!" und wird prompt befolgt. Legt es allerdings ein aufmüpfiger Untergebener auf eine Auseinandersetzung an, wird er seinen Chef provozieren, indem er dieser Aufforderung nicht nachkommt. Eine handfeste Prügelei wird die Folge sein und am Ende können sich manchmal die Rangverhältnisse umkehren. Meist aber bleibt die Rangordnung über lange Zeit fest bestehen und ändert sich nur, weil ranghohe Mitglieder der Herde allmählich älter und damit schwächer werden, andere Pferde an Alter und Erfahrung zunehmen und im Rang aufsteigen.

Der Mensch klinkt sich in die pferdetypische Rangordnung ein – oder versucht es zumindest. Eigentlich sollte der Reiter dem Pferd im Rang überlegen, ihm gleichzeitig Freund wie Boss sein. So wird gewährleistet, dass Pferd und Mensch partnerschaftlich miteinander umgehen können, Auseinandersetzungen nach Pferdeart aber vermieden werden und der Zweibeiner ohne große Streitigkeiten in jeder Situation die Führung übernimmt. Allerdings muss der Mensch immer darauf achten, dass er sowohl die Pflichten eines Anführers als auch dessen Rechte wahrnimmt. Dem Pferd darf nicht erlaubt werden, vor dem Menschen die Box, die Weide oder den Unterstand zu betreten, das Pferd darf beim Führen weder drängeln noch überholen und schon gar nicht darf es sich ausgiebig den Kopf an seinem Chef schubbern! Erlaubt man diese und andere Verhaltensweisen, ist für das Pferd klar: „Der Chef bin ich!", und es treten massive Probleme im Alltag auf. Es reicht dann auch nicht aus,

Die Rangordnung sorgt auch dafür, dass unvermeidliche Streitigkeiten mit einfachen Signalen und ohne Gewaltanwendung beendet werden können.

mittels verschiedener Trainingsmethoden im Round Pen die Rangordnung zugunsten des Menschen zu klären, entscheidend ist vielmehr das Verhältnis zwischen Mensch und Pferd im alltäglichen Umgang.

... gerne gekrault wird

Das Schönste zum Schluss: Kraulen! Pferde lieben es einfach, an für die eigenen Zähne und Hufe unerreichbaren Stellen feste gekrault und geschubbert zu werden. In Pferdekreisen ist die gegenseitige Fellpflege Liebesbeweis und Ausdruck einer engen Verbindung, aber auch der Mensch kann seinen Vierbeiner mit intensiven Schmuseeinheiten erfreuen. Pferde verstehen intensives Krabbeln und Kratzen, möglichst an schlecht erreichbaren Stellen wie dem Mähnenkamm, unter dem Schopf, an der Kruppe oder seitlich der Schweifrübe als Freundschaftsbeweis. Unverständlich ist ihnen dage-

Freund, Beschützer und Chef zugleich ist der Mensch seinem Pferd gegenüber, von Anfang an.

Was auf den ersten Blick wie eine Drohung aussieht, ist das Putzgesicht, erkennbar an der verlängerten Oberlippe. Warum Wopke so eine Schnute zieht?

gen das so häufig zu sehende Klatschen auf den Hals, als Lob und Zuneigungsbekundung zwar vom Reiter gut gemeint, aber eben keine Pferdesprache! Viel deutlicher wird das Lob, krault der Reiter vom Sattel aus den Hals, den Mähnenkamm oder die Kruppe, vom Boden aus die Vorderbrust, die Stirn oder die Schweifunterseite.

Werden Pferde gekrault, zeigen sie das so genannte Putzgesicht: Die Oberlippe wird lang und länger, die Augen können halb geschlossen oder verdreht werden, manchmal lehnt sich der ganze Pferdekörper den kratzenden Fingern entgegen und scheint beinahe umzufallen. Doch Vorsicht: Die lieben Vierbeiner möchten diese Aufmerksamkeit gerne erwidern und das kann schmerzhaft enden ...

Ganz einfach: Bianca krault ihn am Po! Schööön!